De: BERTHA

Para: LAURA NEYI

Título original: For my friend
Texto original: Paula Finn
Edición original: C.R. Gibson Company, Norwalk, Connecticut
Traducción y edición: Lidia María Riba

Fotocromía: DTP Ediciones

© 1996, NBM Bahner Studios, AG

© 1997, Vergara & Riba Editoras
ARGENTINA: Ayacucho 1920 - C1112AAJ, Buenos Aires
Tel./Fax: (54-11) 4807-4664 / e-mail: editoras@vergarariba.com.ar
www.vergarariba.com.ar
MÉXICO: Galileo 100, Colonia Polanco - México DF 11560
Tel./Fax: (525) 55-220-6620/6621
e-mail: editoras@vergarariba.com.mx

ISBN: 987-9201-06-X

Impreso en China por Ava Books Production Pte. Ltd.

Printed in China

10ª Edición: Febrero de 2003

Seamos Siempre Amigas

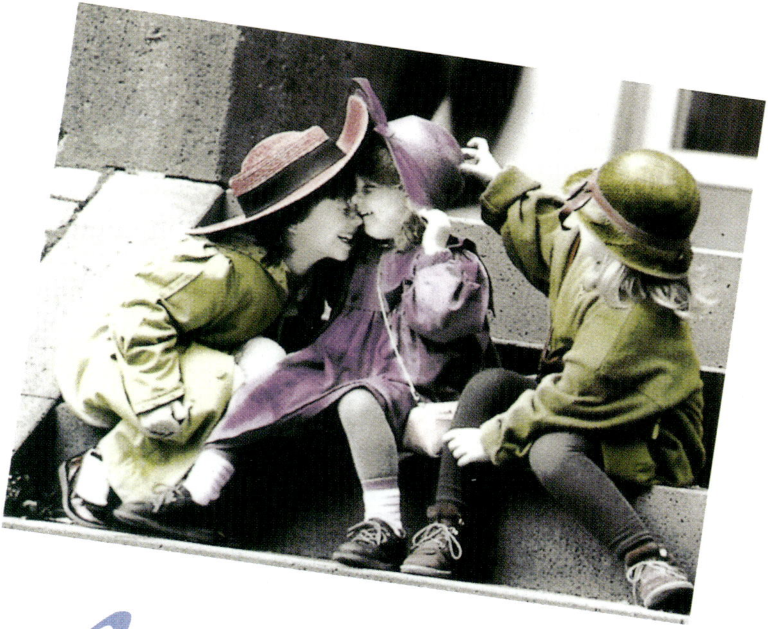

Seamos Siempre Amigas

Fotografías de
Kim Anderson

Textos de Paula Finn

He compartido tanto contigo...
Cuando hablamos, me ayudas
a escuchar mis propios pensamientos,
tu comprensión
alivia mis problemas
y tu paciencia
acepta mis errores.

Sabes cuándo necesito tus consejos,
y sabes cuándo, simplemente,
te necesito.

Todo lo que siempre esperé
de una amiga
lo he encontrado en ti.

Como tu amiga,
valoro tus méritos
y acepto tus debilidades.

No quiero juzgarte,
ni controlarte,
ni cambiarte.
Eres como eres.

Siempre estás allí
para ayudarme, para alentarme,
para recordarme
que no estoy sola.
Nunca estás demasiado ocupada
para ser mi amiga.

Gracias por compartir conmigo
tanto de tu tiempo,
de tu comprensión...
y de ti misma.

Siempre que necesito hablar,
me escuchas.
Siempre que necesito permanecer
en silencio, me entiendes.
Siempre que necesito de ti,
te encuentro.

Tu confianza en mí ha fortalecido
mi autoestima,
has alegrado
toda mi vida.

Has perdonado mis equivocaciones
y me has hecho olvidarlas.

Has creído en mis sueños,
y me has ayudado a hacerlos realidad.

Tu amistad
me ha enriquecido
y te lo agradeceré siempre.

Hoy estás en mis pensamientos ...

Hoy pienso en ti
y recuerdo cuántas veces
has llegado de improviso
cuando más te necesitaba,
qué generosa has sido siempre
con tu tiempo
y cómo he podido contar contigo
con tanta libertad.

Hoy pienso en la alegría
de estar juntas,
en que todo parece aún más divertido
a tu lado,
e, incluso, en que las cosas sencillas
se vuelven especiales
porque las compartimos.

Hoy pienso cuántas veces
creíste en mí y,
sólo por eso,
en lugar de renunciar a mis metas,
traté de alcanzarlas con más fuerza.

Me doy cuenta de lo especial que eres
y veo que todo en mi vida ha mejorado
porque tú eres parte de ella.

Por eso hoy, al pensar en ti,
recuerdo lo bueno que me has dado,
las palabras amables que me has dicho,
y lo mucho que hemos compartido.

Mientras más te conozco...
¡más feliz me siento
de ser tu amiga!

Tú y yo...
nos comprendemos,
nos aceptamos,
nos divertimos,
nos ayudamos
y nos preocupamos
una por la otra.

Tú y yo somos...
las mejores amigas.

Nuestra amistad no sabe de tiempos,
sentimos que nos conocemos
desde siempre;
nuestro presente es tan fuerte
que el pasado no tiene secretos
y nos preparamos juntas
para desafiar el futuro.

Como amiga me has enseñado
a creer en mí misma,
a valorarme,
a confiar en mí,
a aceptarme como soy.

A través de ti
he aprendido a hacerme amiga
de mí misma.

Cuando te pido
tu opinión acerca de lo que hago
o de lo que me pasa,
sobre tantos temas importantes
o cotidianos,
sé que me ayudarás a elegir lo mejor.

Cuando te doy mi opinión
acerca de algo,
estoy tranquila:
sé que me escucharás
con el corazón abierto
porque deseo lo mejor para ti.

Todos los días descubro
la importancia de tener una amiga...

Y qué afortunada soy
de tener una como tú.

Tú sabes cómo ser fuerte
cuando soy débil,
cómo consolarme cuando sufro,
cómo alegrarme
cuando estoy triste,
cómo dar lo mejor de ti misma
cuando te necesito.

Tú sabes cómo ser mi amiga.

La fuerza de nuestra amistad
está basada en que somos siempre sinceras;
su permanencia
radica en aceptarnos;
y la alegría de compartirla,
en que nos cuidamos una a la otra;
la belleza de nuestra amistad, entonces,
forma parte de nosotras mismas.

Pasamos tan buenos momentos juntas...

Nos parecen divertidas o absurdas
las mismas cosas,
y casi siempre nos gusta lo mismo.

Podemos conversar horas y horas
sobre las cosas más importantes
para nosotras...
Podemos hablar horas y horas
de cualquier tema.

Nos tratamos de igual a igual.
No competimos entre nosotras;
no queremos tener poder sobre la otra,
y nos respetamos siempre.

Puedo confiar en ti,
confesarte mis errores
y también mi arrepentimiento.
Puedo contarte cosas
que no he contado a nadie
y sé que no me juzgarás...

Todo lo compartimos

Hemos andado juntas
todos los caminos.
Las alegrías de una
han llenado de felicidad
el corazón de la otra.
Mis esperanzas,
tus anhelos,
la risa compartida
y los sueños:
todo lo disfrutamos
a medias
y se nos duplica en el alma.

Y cuando llega la tristeza,
podemos soportarla mejor
porque estamos juntas.
La pena de algunos momentos
nos ha unido:
la desilusión
cuando ya no podía creer...
el dolor
cuando ya no podías esperar...
Hemos crecido,
también,
cuando nos enjugábamos las lágrimas.

Gracias por ser la amiga
que siempre ha tenido fe en mí,
que siempre me ha comprendido,
que siempre me ha aceptado,
que siempre me ha querido.

Lo que compartimos no es común:
protejámoslo,
festejémoslo,
cuidémoslo.

Seamos siempre las mejores amigas.

Otros libros para regalar

Te regalo una alegría

Un regalo para el alma

Una pausa para el espíritu

Confía en ti

Todo es posible

Puedes ser lo que sueñas

Nunca te rindas

Por tu espíritu deportivo

Por nuestra gran amistad

La maravilla de la amistad

La magia de la amistad

Un regalo para mi hija

Un regalo para mi madre

A mi hermana

Para una gran mujer

Para una mujer muy ocupada

Para una mujer que cree en Dios

Para el hombre de mi vida

Para un hombre de éxito

Para un hombre muy ocupado

Un regalo para mi hijo

Un regalo para mi padre

Con el cariño de la abuela

De parte de papá y mamá

Querida mamá

Dios te conoce

Tu Primera Comunión

La maravilla de los bebés

Nacimos para estar juntos

Gracias por tu amor

Ámame siempre

Poemas para enamorar

Seguirás siendo mi amor

Diez poemas y un secreto para ser feliz

Entre el amor y la amistad

Creer, crecer y soñar...

Vocación de curar

Vocación de enseñar

Si has perdido a alguien que amabas

Un día de aquellos